呼吸趣旅

杜尼亚 ● 斯图尔特-麦克米尔 著

乔瓦娜·德·利马 绘

牛晓聿 译

TBR图书
纽约·巴黎

献给贝拉和萨姆，爱你们！

-杜尼亚

你好！我的名字是法缇玛，我是一名发明家。
我想去更多地了解当我们吸入空气之后，它是怎样离开我们的身体的。

空气是一种气体，里面含有氮气、氧气和其他的物质。
其中氧气是非常重要的，因为我们需要它去做... 基本上所有事情！我们
需要氧气才能站起来、坐下去、走路、跑步、玩耍、吃饭、看电视、说
话……嘿，我们甚至需要氧气去思考、睡觉或者做梦！

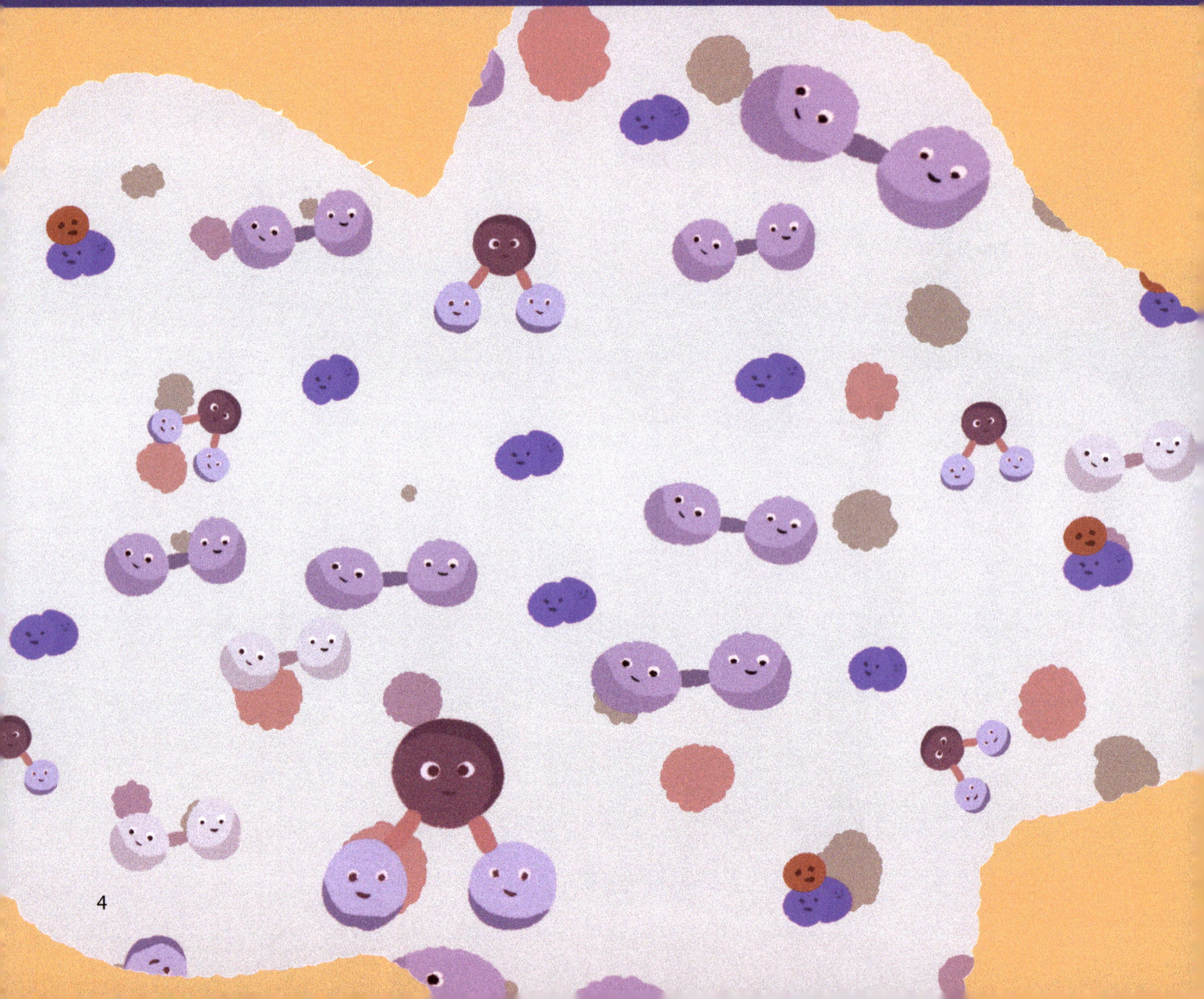

4

氧气是由数百万个小到我们无法看见的分子组成的！当我们吸入氧气后，它会进入血液，然后在我们身体中的各个部位快速传输。

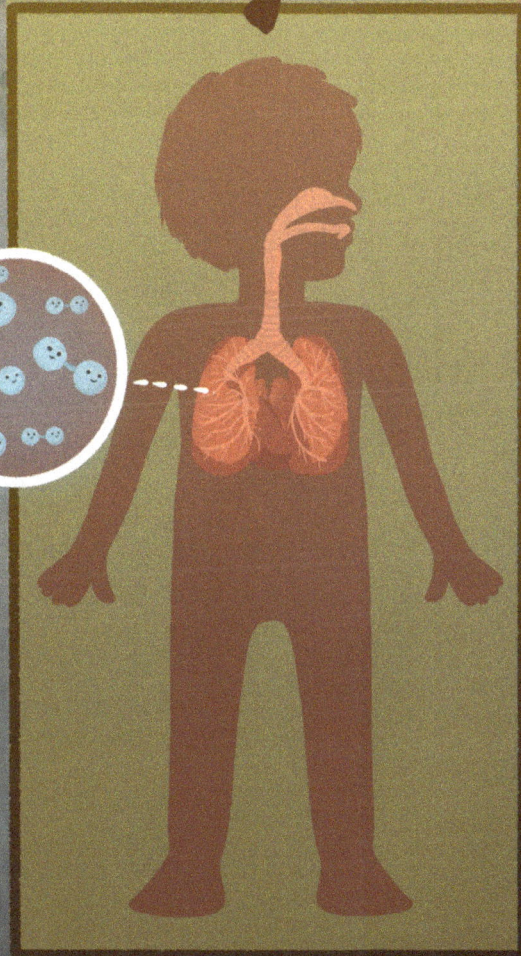

我发明了一个可以缩小到单个氧气分子那么大的闪炫球，我计划使用它去探索呼吸系统——也就是所有帮助我们进行呼吸的身体部位。我的闪炫球里还有位置，你也一起加入吧！

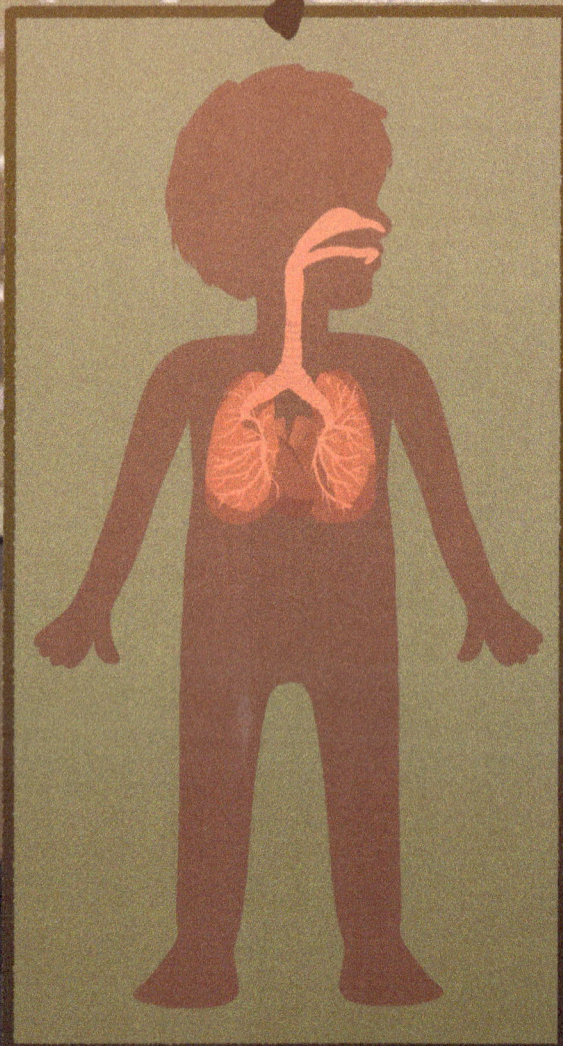

6

准备好了吗？那我要按下"缩小"按钮了！
坐稳了！3－2－1……唰！！！！！！！！

缩小

哇！我们在空气中忽上忽下转来转去，希望你不会晕车……现在好多了——刚才的一分钟里我几乎失去了对闪炫球的控制！现在有趣的部分要来了——我们需要被吸入人体中，也就是说我们要在人呼吸时和其他氧分子一起飘进人的身体里啦！

我们可以通过嘴巴或者鼻子进入人体——任何一个都可以，因为他们都通向喉咙。
看！那边有很多人，让我们去被吸进去吧！

就选这个人吧！他的嘴巴是闭着的，那我们就去找他的鼻子。
希望他鼻子里不会有太多鼻屎，否则就太恶心了！！

好的，我们进入鼻子里了，接下来要去往喉咙了。

这里有两条管道，一条通向胃部，但我们需要滑进另一条。我们要去的通道叫做气管，空气的气，管道的管。它会带我们进入肺部。让我们走吧！

12

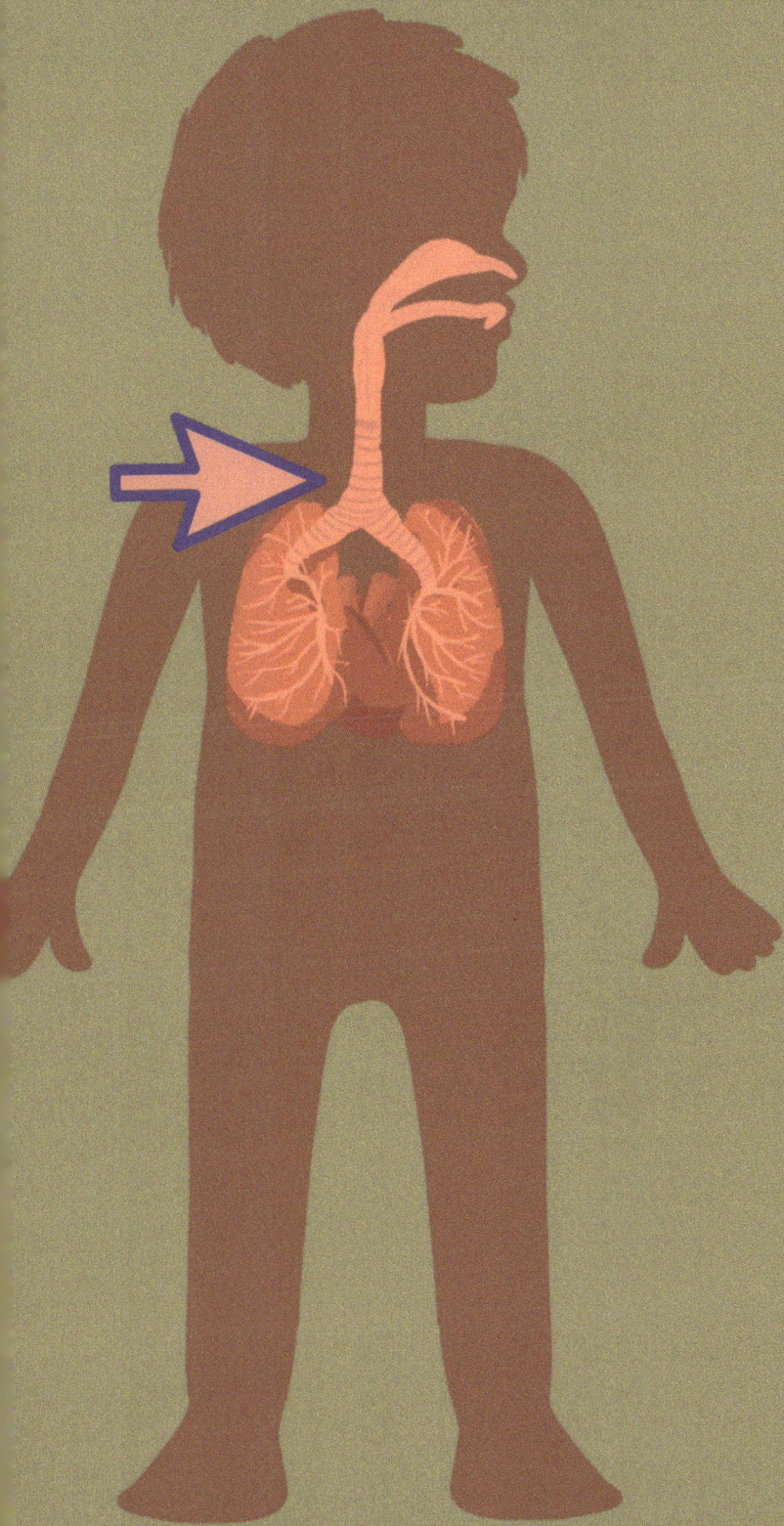

现在我们来到了气管的底端，从这里下去还有两条叫做支气管的管道。这两条支气管一条通向左肺，一条通向右肺。

试着快速地说出上面的句子！

嘿，你知道为什么这两个肺大小不一样吗？这是因为左肺需要给心脏腾出空间，所以就变小了一点。多么奇妙啊！

我们现在从左肺向下走。看到两边都有的那些在继续延伸的小管道了吗？他们是细支气管，在支气管前加一个"细"就好了。我们就像待在一个长满了树枝的中空的大树上，这是不是看起来很神奇？
那么让我们顺着这条"树枝"继续走吧！

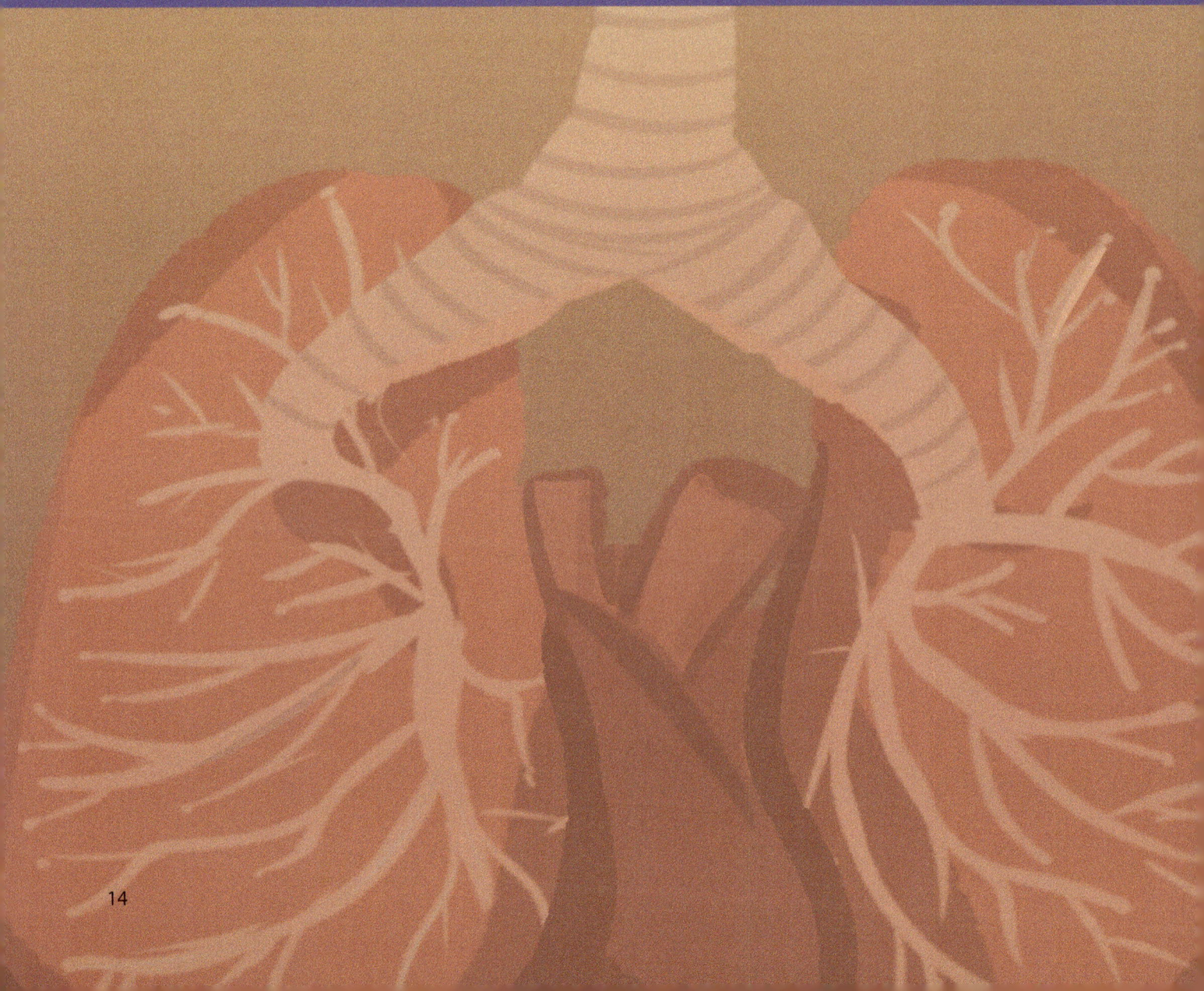

哇，我们走到了这条树枝的末端，这里被很多小口袋覆盖着。这些小口袋叫做"肺泡"，肺部的肺，气泡的泡——你最好记住这些词，这都是科学发现！

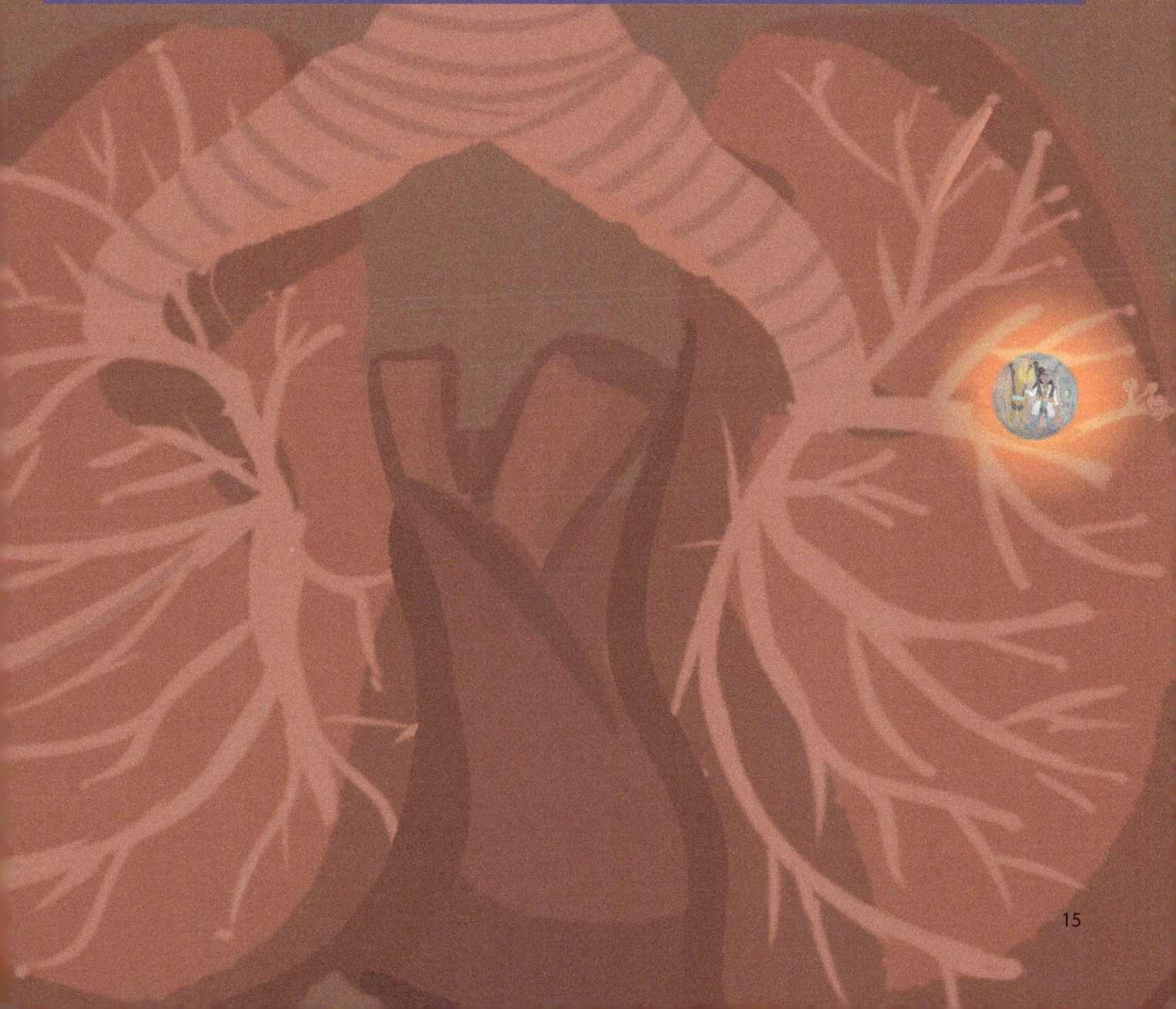

现在看一看你的手腕——看到那些蓝色的线了吗？那些就是血管，我们的身体中的血液就是在血管当中流动的。
就像你现在看到的，肺泡里也有很多血管，我们旅程中最激动人心的部分也要从这里开始了！！

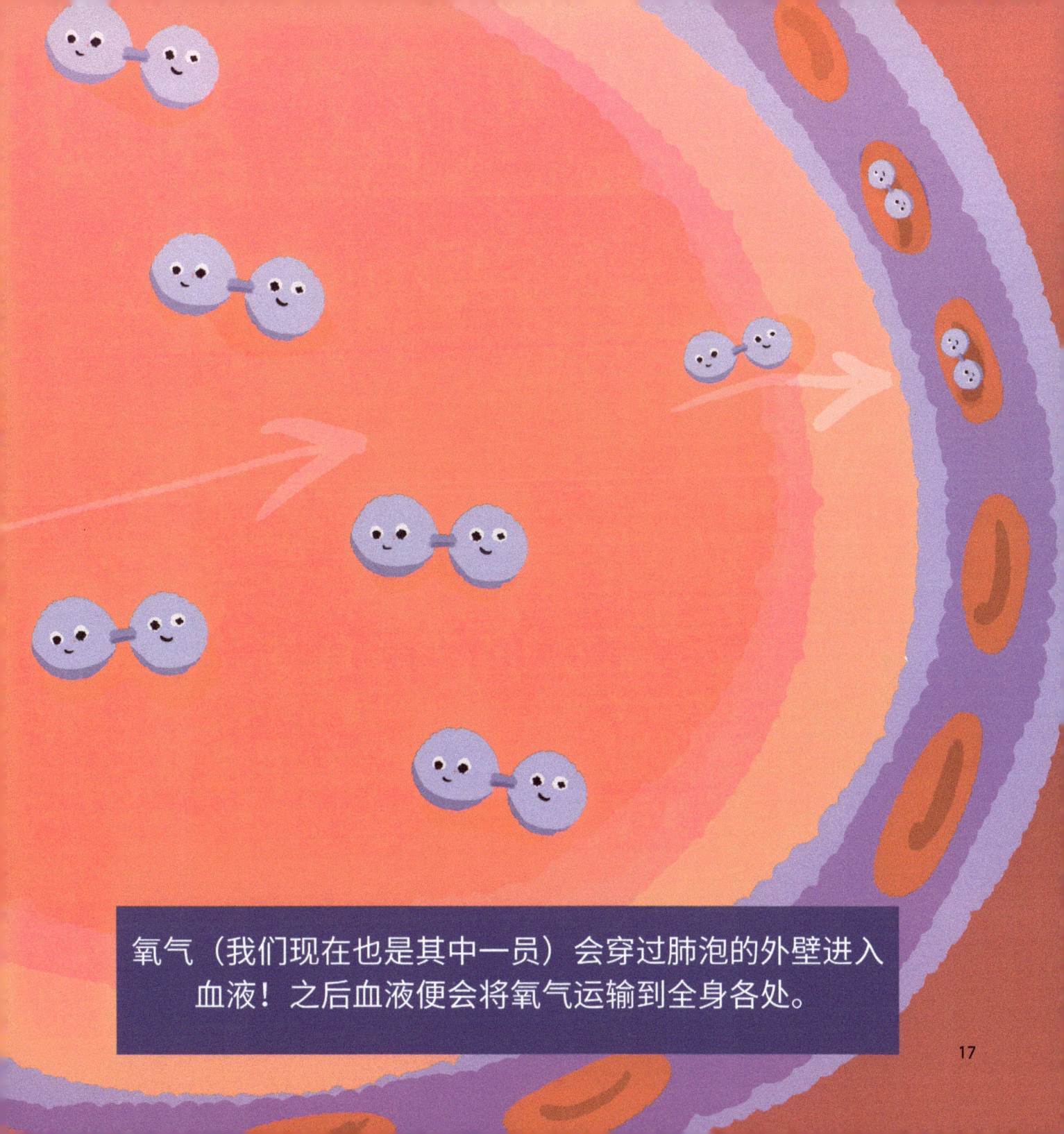

氧气（我们现在也是其中一员）会穿过肺泡的外壁进入血液！之后血液便会将氧气运输到全身各处。

（此刻我还想多说一点：我们的身体不仅仅是神奇，更是不同寻常、令人惊叹甚至**难以置信**的！你觉得呢？）

等我们使用完身体里的氧气后（比如走路、跑步或者其他活动之后——记得吗？），它会转化成二氧化碳（这是一种有好有坏的物质，我们下次再细讲），然后以同样的方式离开身体——再次穿过肺泡，顺着支气管和气管，最后经过嘴巴。

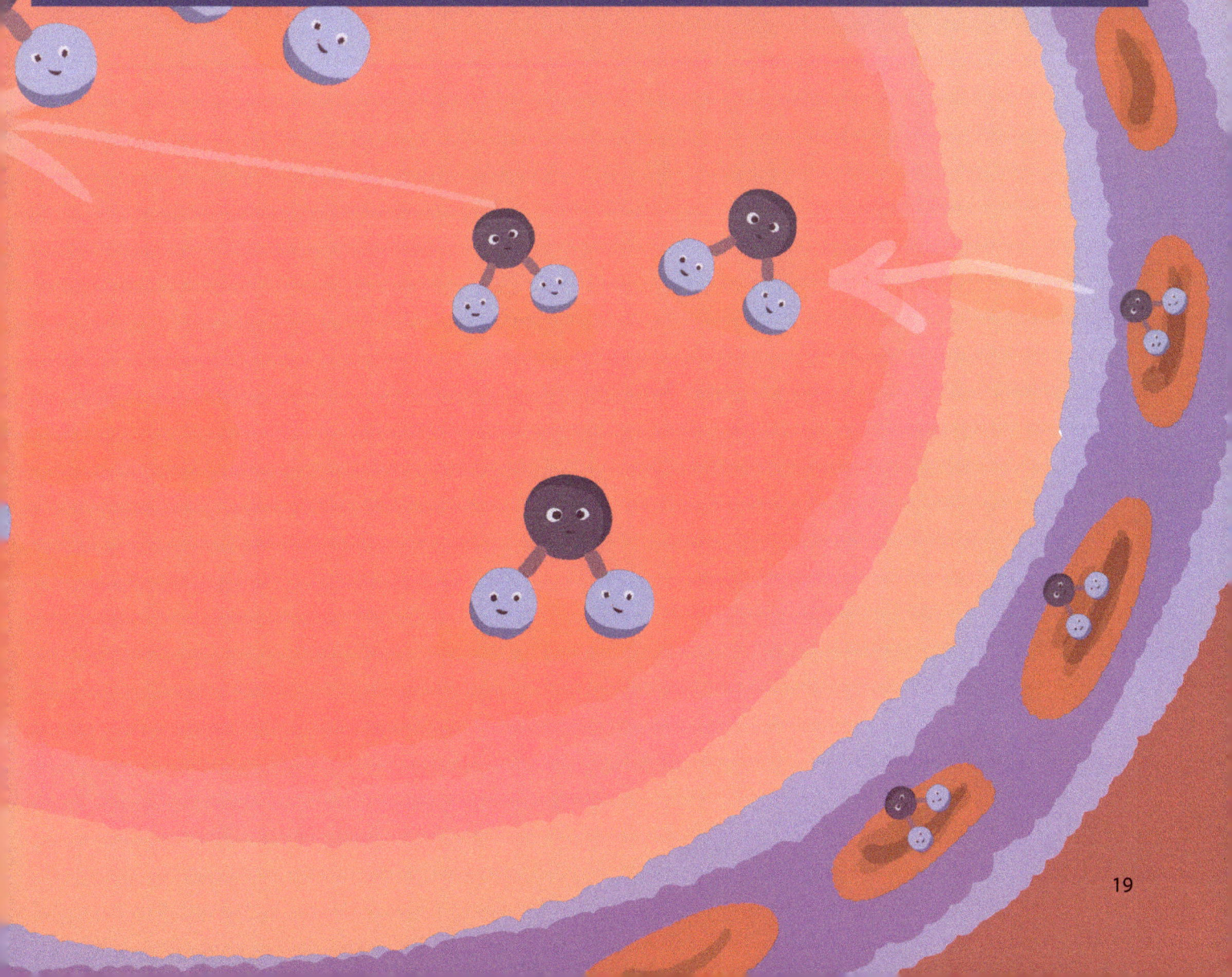

或者经过鼻子，或者有时……如果它走错了方向，就会向下，然后一一噗！

我非常享受与你一起学习呼吸系统的时光。
当然关于呼吸系统，还有很多我们没有了解到的，希望你以后可以继续学习……
你不需要每次都缩小——但记住科学是充满乐趣的！

下次再见！

呼吸系统

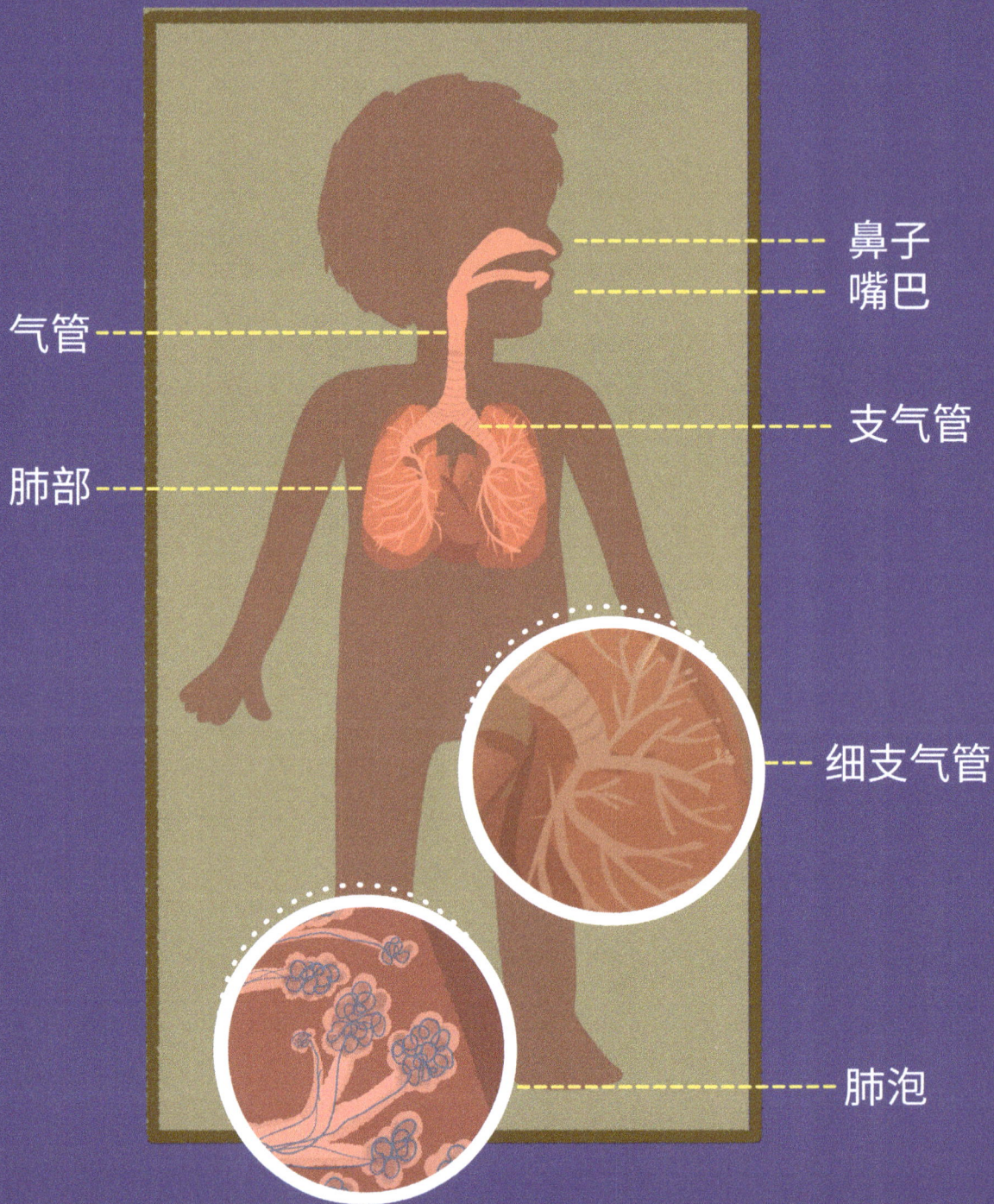

鼻子

嘴巴

气管

支气管

肺部

细支气管

肺泡

杜尼亚·斯图尔特-麦克米尔

杜尼亚·斯图尔特-麦克米尔相信儿童需要热情去学习知识。她多年的从教与学校志愿者经验帮助学生们找到了学科学习，比如数学和科学，当中有趣的一面。现在她也在把这种趣味性放进书中。她的丛书《消化趣旅》通过年轻发明家法缇玛与她所搭乘的闪炫球"Z82号"一同进行的冒险，去探索科学发现与人类身体的奥秘。

点击此处访问杜尼亚的网站：
learningexcitement.co.uk

本作者的其他书籍

　　《**消化趣旅**》通过年轻发明家法缇玛与她所搭乘的闪炫球"Z82号"一同进行的冒险，去探索科学发现与人类身体的奥秘。法缇玛的旅途从缩小自己与闪炫球开始，然后进入嘴巴一路向前，以此去了解身体是怎样消化我们喜爱的食物的。本书另有阿拉伯语、中文、英语、法语、西班牙语等多语种版本。

本作者的其他书籍

《**免疫趣旅**》通过年轻发明家法缇玛与她所搭乘的闪炫球"Z82号"一同进行的冒险，去探索科学发现与人类身体的奥秘。法缇玛的旅途从缩小自己与闪炫球开始，然后进入鼻子一路向前，以此去发现当我们因为感染有害病菌而生病时，身体是怎样去保护我们的。本书另有阿拉伯语、中文、英语、法语、西班牙语等多语种版本。

TBR**图书**是语言、教育和社区促进中心的出版机构。语言，教育和社区发展中心是一家聚焦多语言、跨文化理解与传播的非盈利机构。我们的宗旨是通过教育、知识、与倡导，为多语言家庭和社区赋能。

本书另有其他语言版本，点击www.calec.org 了解更多。

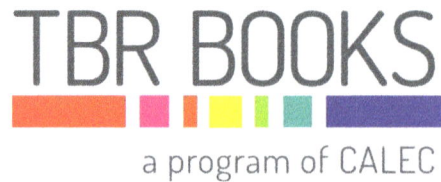

TBR BOOKS

a program of CALEC

www.ingramcontent.com/pod-product-compliance
Lightning Source LLC
LaVergne TN
LVHW070836080426
835508LV00031B/3487

9 781636 073040